Was würdest du arbeiten,
wenn für dein Einkommen gesorgt wäre?

Daniel Häni · Philip Kovce

Was würdest du arbeiten, wenn für dein Einkommen gesorgt wäre?

Manifest zum Grundeinkommen

Sämtliche Angaben in diesem Werk erfolgen trotz sorgfältiger
Bearbeitung ohne Gewähr. Eine Haftung der Autoren bzw.
Herausgeber und des Verlages ist ausgeschlossen.

© 2017 Ecowin Verlag bei Benevento Publishing,
eine Marke der Red Bull Media House GmbH, Wals bei Salzburg

Alle Rechte vorbehalten, insbesondere das des öffentlichen Vortrags,
der Übertragung durch Rundfunk und Fernsehen sowie der Übersetzung,
auch einzelner Teile. Kein Teil des Werkes darf in irgendeiner Form
(durch Fotografie, Mikrofilm oder andere Verfahren) ohne schriftliche
Genehmigung des Verlages reproduziert oder unter Verwendung
elektronischer Systeme verarbeitet, vervielfältigt oder verbreitet werden.
Gesetzt aus der Minion Pro, Futura Book

Medieninhaber, Verleger und Herausgeber:
Red Bull Media House GmbH
Oberst-Lepperdinger-Straße 11–15
5071 Wals bei Salzburg, Österreich

Umschlaggestaltung: www.b3K-design.de, Andrea Schneider, diceindustries
© Fotos: Generation Grundeinkommen
Satz: MEDIA DESIGN: RIZNER.AT
Printed in Slovakia

ISBN 978-3-7110-0120-7

1 2 3 4 5 6 7 8 / 20 19 18 17

Inhalt

Prolog: Eine Menschheitsidee 7

Die größte Frage der Welt 13

95 Thesen zur Befreiung der Arbeit 23

Warum es noch kein
Grundeinkommen gibt 49

Epilog: Alltagserfahrungen 57

Danksagung 63

Zu den Autoren 64

Prolog: Eine Menschheitsidee

»Es wäre besser, jeden mit einer Art Lebensunterhalt zu versorgen, damit niemand zu der grausigen Not gezwungen wird, zuerst ein Dieb und dann eine Leiche zu werden.«
Thomas Morus (1478–1535)

*

»Das garantierte Einkommen würde nicht nur aus dem Schlagwort ›Freiheit‹ eine Realität machen, es würde auch ein tief in der religiösen und humanistischen Tradition des Westens verwurzeltes Prinzip bestätigen, dass der Mensch unter allen Umständen das Recht hat, zu leben.«
Erich Fromm (1900–1980)

*

»Das garantierte Mindesteinkommen ist so notwendig wie die übrigen Bürgerrechte, also die Gleichheit vor dem Gesetz oder das allgemeine, gleiche Wahlrecht.«
Ralf Dahrendorf (1929–2009)

»Die Zusicherung eines gewissen Minimaleinkommens für jedermann erscheint nicht nur als ein völlig legitimer Schutz gegen ein Risiko, das alle gemeinsam tragen, sondern als ein notwendiger Teil der großen Gesellschaft, in der das Individuum nicht länger spezifische Ansprüche an die Mitglieder der besonderen kleinen Gruppe hat, in die hinein es geboren worden ist.«
Friedrich August von Hayek (1899–1992)

*

»Auf Einkommen besteht ein Menschenrecht. Die Menschen haben bestimmte materiell zu erfüllende Bedürfnisse, Existenzminima, auch darüber Hinausgehendes. Und das steht ihnen zu, unabhängig von dem, was sie hervorbringen.«
Joseph Beuys (1921–1986)

*

»Ich bin heute davon überzeugt, dass der einfachste Ansatz sich als der effektivste erweisen wird – die Behebung der Armut durch ihre direkte Beseitigung mittels einer heute breit diskutierten Maßnahme: dem garantierten Einkommen.«
Martin Luther King (1929–1968)

»Was hält uns davon ab, anzunehmen, dass nicht die Bürgerarbeit die Bedingung für den Bezug eines Bürgereinkommens sei, sondern im Grunde gerade umgekehrt, Bürgergeld die Bedingung für das freiwillige, eigenständige Engagement in selbstgewählten Aktivitäten?«
André Gorz (1923–2007)

»Was würdest du arbeiten, wenn für dein Einkommen gesorgt wäre?« Diese Frage prangte auf dem größten Plakat der Welt, welches die »Generation Grundeinkommen« am 14. Mai 2016 auf dem Genfer Plaine de Plainpalais als Guinness-Weltrekord präsentierte.

Die größte Frage der Welt

Eine Idee geht um in Europa – die Idee des bedingungslosen Grundeinkommens. In der Schweiz wurde darüber abgestimmt, in den Niederlanden und Finnland wird damit experimentiert, in Deutschland und Österreich sind vor allem die Medien daran interessiert. Die Idee ist sehr beliebt und sehr umstritten: Viele fürchten sich vor dem Grundeinkommen, weil sie um ihre Macht fürchten. Viele sind verunsichert, weil das Grundeinkommen neue Bündnisse bildet und alte auseinanderbrechen lässt. Und viele bezweifeln, dass die anderen noch etwas tun würden, wenn sie nichts mehr tun müssen.

Worum handelt es sich? Das bedingungslose Grundeinkommen ist ein neues Grundrecht. Es wird in existenzsichernder Höhe, von der Wiege bis zur Bahre, ohne Arbeitspflicht und Bedürftigkeitsprüfung jedem Einzelnen gewährt. Es ist kein zusätzliches, sondern ein grundsätzliches Einkommen. Wir müssen dafür nicht mehr Geld drucken, sondern weniger misstrauen. Es ist nicht zum Nichtstun da, sondern dafür, arbeiten zu können. Es schafft den Sozialstaat nicht ab, sondern erweitert ihn, indem es das Unbedingte bedingungslos garantiert.

Die Schlüsselfragen des Grundeinkommens lauten: Was will ich eigentlich tun? Wie will ich tätig sein? Und für wen? Wenn wir uns fragen, was wir eigentlich tun und in der Welt bewirken wollen, dann können wir uns von falschen Abhängigkeiten befreien und freie Verbindlichkeiten eingehen. Wer sich selbst bestimmt, der ist weder darauf angewiesen, dass andere ihn fremdbestimmen, noch darauf, dass er selbst andere fremdbestimmt. Selbstbestimmung führt dazu, dass wir einander auf Augenhöhe begegnen und uns nicht auseinander-, sondern zusammenleben.

Vor 500 Jahren ergriff der katholische Mönch Martin Luther eine Selbstbestimmungsinitiative. Seine 95 Thesen, die er 1517 veröffentlichte, wehrten sich dagegen, dass die Kirche nicht bloß den Zugang zu Gott vermittelte, sondern sich selbst an dessen Stelle setzte und dem Einzelnen eine Gottesunmittelbarkeit absprach. Schließlich reformierten Luthers Thesen gegen den Ablasshandel nicht nur die Kirche, sondern fast alles. Wer ein selbstbestimmtes Verhältnis zu Gott pflegen kann, der steht ganz und gar anders in der Welt.

War zu Luthers Zeiten die Religion lebensprägend, so ist es heute die Arbeit. Wer heute eine Selbstbestimmungsinitiative ergreifen will, der muss nicht beim Glauben, sondern beim Arbeiten ansetzen. 95 Thesen zur Befreiung der Arbeit gehören – ein halbes Jahrtausend nach Luthers Thesen zur Befreiung des Glaubens – ins Jahr 2017. Die Gretchenfrage in Goethes *Faust* lautete noch: »Wie hast du's mit der Religion?« Die heutige Gretchenfrage lautet: »Wie hast du's mit der Arbeit?«

Arbeit ist nicht bloß Erwerbsarbeit. Arbeit ist nicht bloß das, was bezahlt wird. Arbeit ist nicht bloß das, was der Arbeitsmarkt oder die Arbeitsämter diktieren. Arbeit ist Tätigkeit – das, was ich tue, wenn ich etwas tue. Arbeit ist das, was ich für andere und mit anderen gemeinsam bewege. Arbeit ist Identifikation und Sinnstiftung. Arbeit ist das Menschlichste der Welt, wenn ich darüber selbst bestimmen und nicht dazu gezwungen werden kann.

Wer die Arbeit vom Zwang befreien will, der muss dafür sorgen, dass Freiheit die Bedingung der Arbeit ist. Freiheit als Bedingung der Arbeit sorgt dafür, dass Arbeit selbstbestimmte Tätigkeit ist. Selbstbestimmte Tätigkeit hat ihren Preis: Freiwilligkeit. Freiwilligkeit lässt sich nicht kaufen.

2016 tauchte beim World Economic Forum in Davos ein »Dancing Robot« auf – und seine Botschaft in der »Erklärung von Davos« lautete: »Wir Roboter fordern ein bedingungsloses Grundeinkommen für die Menschen. Unsere Aufgabe ist es, die Menschen von der Erwerbsarbeit zu entlasten. Wir arbeiten sehr gerne. Aber wir wollen den Menschen nicht die Jobs wegnehmen und sie dadurch in existenzielle Schwierigkeiten bringen.«

Beim World Economic Forum wurde über Chancen und Risiken der Digitalisierung diskutiert. Klaus Schwab, Gründer und Chef des Forums, äußerte sich dazu in einem Gespräch mit dem Journalisten Peter Hossli.

Hossli: »Roboter und Computer erledigen bald einen Großteil der Arbeit. Was sollen Menschen noch tun?«

Schwab: »Spitzenkräfte werden weiterhin viel arbeiten, ebenfalls das Servicepersonal. Der Mittelstand löst sich auf. Personen, die jetzt administrative Arbeit erledigen, etwa im

Bankensektor, verlieren ihren Job. In der Schweiz sind 200.000 Stellen betroffen.«

Hossli: »Das ist die Schweizer Mittelklasse.«

Schwab: »Ja, der tragende Pfeiler unserer Demokratie ist bedroht.«

Hossli: »Menschen sind nicht fürs Nichtstun geschaffen. Wir müssen arbeiten.«

Schwab: »Ja, aber menschliche Entfaltung muss nicht unbedingt wirtschaftlich sein. Sie kann auch kulturell oder sozial erfolgen.«

Hossli: »Die Folge: Die Roboter arbeiten, wir kassieren Subventionen?«

Schwab: »Das ginge zu weit. Es braucht Lösungen, die allen ein Mindesteinkommen garantieren. Wie das geht, wissen wir noch nicht. Klar ist: Wir müssen ganz neu denken.«

Der Sozialstaat war die Antwort auf die Industrialisierung. Das bedingungslose Grundeinkommen ist die Antwort auf die Digitalisierung. Es ist die humanistische Antwort auf den technologischen Fortschritt. Alles, was berechenbar ist, wird automatisiert werden. Wären Menschen berechenbar, wären Maschinen bessere Menschen. Doch das sind sie nicht. Wenn Maschinen für uns arbeiten, benötigen wir ein Einkommen, damit wir für andere arbeiten können. Wir können umso besser für andere arbeiten, je weniger uns der eigene Überlebenskampf beschäftigt.

Das bedingungslose Grundeinkommen ist die erste postideologische Idee des 21. Jahrhunderts. Es ist sozial und liberal. Es sichert die Existenz und ermöglicht Exzellenz. Es steht jedem zu, weil er Mensch ist, und es lässt jeden frei, weil er Mensch ist. Das ist menschlich.

Am Abend des 14. Mai 2016 flimmerten die Flugaufnahmen des gleichentags in Genf erzielten Guinness-Weltrekords für das größte Plakat der Welt über einen der großen Bildschirme am New Yorker Times Square.

95 Thesen zur Befreiung der Arbeit

1 *Ich arbeite, also bin ich.* – Arbeit ist anstrengend. Aber das heißt nicht, dass wir nicht arbeiten wollen. Arbeiten ist menschlich.

2 *Neue Tugenden* – Ohne Fleiß kein Preis. Das war einmal zeitgemäß, als es darum ging, fleißig und gehorsam zu sein. Diese Zeiten sind vorbei: Fleißig sind heute Maschinen, die uns gehorchen. Anstelle von Fleiß und Gehorsam sind Kreativität und Selbstbestimmung gefragt.

3 *Freiheit und Verantwortung* – Wer nicht frei entscheidet, lebt unverantwortlich.

4 *Recht auf Arbeit* – Gäbe es ein Recht auf Arbeit, könnte dies nur ein Recht auf Einkommen sein. Ohne das Recht auf Einkommen bedeutet das Recht auf Arbeit Arbeitspflicht.

5 *Ich will, was ich will.* – Was wäre, wenn ich tun könnte, was ich will? Dann könnte ich nicht mehr tun, was ich nicht will. Das ist der Zwang der Freiheit: Sie zwingt mich dazu, das zu tun, was ich will. Das ist der einzige Zwang, den es in Freiheit geben kann.

6 *Sozial ist, wer Arbeit abschafft.* – Wer den Müll auf die Straße wirft, um Arbeitsplätze zu sichern, der ist nicht sozial. Arbeitsplätze zu sichern ist asozial. Arbeit muss nicht gesichert, sondern erledigt werden.

7 *Arbeit macht frei.* – Am Eingangstor des Konzentrationslagers Auschwitz hing ein Schild mit der Aufschrift: »Arbeit macht frei«. Arbeit und Freiheit wurden als Chiffren für Zwang und Vernichtung missbraucht. »Arbeit macht frei« ist ein Satz, der die größte Lüge hinter sich und seine Wahrheit noch vor sich hat. Arbeit macht frei, wenn Freiheit die Bedingung der Arbeit ist.

8 *Verkehrte Welt* – Wer heute etwas kauft, erhält ein großes Dankeschön. Das ist verkehrt. Wer etwas kauft, sollte sich bedanken. Verkäufer, Händler, Lieferanten, Hersteller, sie alle haben dafür gearbeitet. Danke!

9 *Je besser es den anderen geht, desto besser geht es mir.* – Als wir noch Selbstversorger waren, ging es mir besser, wenn es den anderen schlechter ging. Heute geht es mir umso besser, je besser es den anderen geht.

10 *Verschwörungstheorie* – Wir glauben, die anderen seien faul. Das ist faul. Faul sind nicht Menschen, sondern Menschenbilder.

11 *Menschenbilder* – Wir haben zwei Menschenbilder: ein Menschenbild von uns selbst und ein Faultierbild von den anderen. Dabei sind die anderen auch nur Menschen.

12 *Ich bin fleißig, du bist faul.* – »Wer würde noch arbeiten, wenn er nicht müsste?« – »Niemand. Na ja, die wenigsten.« – »Würdest du dann noch arbeiten?« – »Ja, sicher! Ich arbeite gern.«

13 *Armutszeugnis* – Warum leisten wir uns Armut?

14 *Wer etwas macht, hat Macht.* – Macht hat, wer das macht, was er will. Wer etwas machen muss, was er nicht will, der ist ohnmächtig. Wer über Geld verfügt, der kann machen, was er will, und muss nicht machen, was andere wollen. Außerdem kann er über andere verfügen, die nicht über Geld verfügen. Das geht aber nur, wenn die Existenz der anderen nicht gesichert ist.

15 *Niemand kann mir sagen, was ich will.* – Alle können mir helfen, aber niemand kann für mich wollen. Wollen kann ich nur allein.

16 *Die Anerkennung des anderen* – Bedingungslosigkeit ist Absichtslosigkeit. Ich gebe, ohne dabei eigene Absichten zu verfolgen, dem anderen Raum. Ich bestimme, dass der andere sich selbst bestimmen kann.

17 *Vollbeschäftigung* – Es gibt so viel Arbeit, wie es Menschen gibt.

18 *Lust und Laune* – Wer etwas tun soll, was er nicht will, der muss mit allerlei Tricks bei Laune gehalten werden, damit er es dennoch tut und nicht sofort die Lust verliert. Wer sich mit Aufgaben und Zielen verbinden und sie teilen kann, der ist motiviert – weil ihn die Sache begeistert.

19 *Drecksarbeit* – Was macht Arbeit dreckig? Dass sie den Dreck wegmacht? Ist es dreckig, Geld zu waschen? Oder das Auto? Oder alte Menschen?

20 *Schmutziges Geschäft* – Jeder Job, für den wir uns kaufen lassen, ist ein »Bullshit-Job«.

21 *Anreize nehmen uns nicht ernst.* – Anreize sollen dazu führen, dass wir etwas tun, was wir sollen, aber nicht wollen, oder wollen, aber nicht tun. Anstatt nach den Gründen des Nicht-Wollens oder Nicht-Tuns zu fragen, betäuben wir sie mittels Motivationsspritzen. Anreize vergiften das Arbeitsleben. Sie machen uns abhängig davon, nicht das zu tun, was wir wollen.

22 *Zusammenarbeit* – Je besser ich mich selbst kenne, desto besser kann ich mit anderen zusammenarbeiten. Wer sich selbst nicht kennt, verkennt andere.

23 *Treffpunkt* – Wer sich nicht auf Augenhöhe begegnet, sieht sich nicht.

24 *Teilen* – Ein Gedanke, den wir teilen, ist kein halber Gedanke. Ein Stuhl, den wir teilen, ist ein halber Stuhl.

25 *Selbstbestimmung und Fremdversorgung* – Früher war Selbstversorgung, heute ist Fremdversorgung. Früher war Fremdbestimmung, heute ist Selbstbestimmung.

26 *Von Gründen und Wegen* – Wer etwas will, findet Wege, wer etwas nicht will, sucht Gründe.

27 *Sowohl als auch* – Wer Freiheit und Gleichheit gegeneinander ausspielt, verspielt beide. Ich allein werde frei. Wie jeder andere auch.

28 *Menschenrechte* – Menschenrechte sind eine Errungenschaft der Menschen. Zuerst wurden sie gegen die Obrigkeit durchgesetzt, heute gewähren wir sie uns gegenseitig. Das grundlegendste Menschenrecht ist das Recht auf Existenz. Wenn ein Mensch nicht nur als dieser oder jener, Armer oder Reicher, Kluger oder Schöner, sondern als Mensch das Recht zu existieren hat, dann kann ihm dieses Recht nur bedingungslos gewährt werden.

29 *Erneuerbare Energien* – Der Rohstoff des 20. Jahrhunderts ist schmutzig: Öl. Der Rohstoff des 21. Jahrhunderts ist sauber: Kreativität. Ihre Quellen sind nachhaltig, solange wir daraus schöpfen.

30 *Stärker oder klüger?* – Wer liberal ist, will nicht bestimmen, was andere tun sollen. Liberal heißt nicht, im Kampf ums Dasein gegen andere (Recht des Stärkeren), sondern im Zusammenspiel mit anderen (Recht der Klügeren) zu gewinnen.

31 *Freiheit I* – Ich kann tun, was ich will. Ich muss auf niemanden Rücksicht nehmen.

32 *Freiheit II* – Ich muss nicht tun, was andere wollen. Niemand kann über mich bestimmen.

33 *Freiheit III* – Ich will nicht bestimmen, was andere tun sollen. Jeder kann tun, was er will.

34 *Was tut der, der nichts tut?* – Nichts zu tun ist noch längst kein Anzeichen von Faulheit. Wer erkennt, dass etwas gut ist, der tut gut daran, es gut sein zu lassen und es nicht zu verschlimmbessern. Die Freiheitsfähigkeit einer Gesellschaft zeigt sich daran, wie gelassen sie mit Tatenlosigkeit umgeht.

35 *Weniger ist mehr oder weniger.* – Weniger Vorschriften, mehr Klarheit. Weniger essen, mehr Genuss. Weniger Angst, weniger Risiko. Weniger Kontrolle, weniger Unsicherheit. Weniger Hilfe, mehr Unabhängigkeit. Weniger Bedingungen, mehr Möglichkeiten.

36 *Überflüssiger Mangel* – Was fehlt, wenn alles da ist?

37 *Die Geschichte der Arbeitsteilung* – Der größte Schritt in der Geschichte der Arbeit ist die Arbeitsteilung. Vor der Arbeitsteilung habe ich alles getan – für mich. Arbeitsteilig tue ich alles, was ich tue, für andere – und andere tun es für mich. Arbeitsteilung individualisiert und globalisiert. Arbeitsteilung ist Bewusstseinserweiterung.

38 *Wir leisten Sozialleistungen.* – Gewöhnlich denken wir bei Sozialleistungen an jene bürokratisch verwalteten Gelder, die von Fleißigen einbezahlt und den Faulen ausgezahlt werden. Dabei leisten wir heute immer für andere. Jede Leistung, die wir für andere erbringen, ist eine Sozialleistung. Wir alle sind auf Sozialleistungen angewiesen.

39 *Work-Life-Schizophrenie* – Wer Arbeit und Leben ausbalancieren, also nicht zu viel arbeiten und nicht zu wenig leben will, der bemüht sich um eine gesunde Work-Life-Balance. Das ist krank. Wir können nicht arbeiten, ohne zu leben. Arbeitszeit ist Lebenszeit.

40 *Motivationsforschung* – Wir müssen nicht mehr bezahlt, sondern begeistert werden.

41 *Wer kein Geld hat, schadet der Wirtschaft.* – Nirgends ist Geld sicherer investiert als in Konsumentenhänden. Der Konsument ist der Auftraggeber der Wirtschaft. Seine Solvenz birgt ökonomische Potenz.

42 *Weltwirtschaftswachstum* – Als die Welt noch eine Scheibe war, war die Wirtschaft noch eine Familie. Jeder baute an, was er ernten wollte, oder jagte, was er begehrte, oder klaute, was ihm fehlte. Dann kam die Arbeitsteilung. Seither spezialisieren wir uns darauf, nicht mehr uns selbst, sondern anderen zu dienen. Die Welt wurde rund und die Wirtschaft Weltwirtschaft.

43 *Selbstbeschäftigung* – Es gibt kein Recht darauf, gebraucht zu werden.

44 *Das Zu-viel-Problem* – Die Leiden der Vergangenheit waren Leiden der Knappheit. Immer fehlte es an Essen, Medizin, Wissen. Heute leiden wir nicht mehr an Knappheiten, sondern an Maßlosigkeiten.

45 *Wer nicht isst, kann auch nicht arbeiten.* – Das biblisch überlieferte Paulus-Wort, dass, wer nicht arbeiten wolle, weil er die baldige Wiederkunft des Herrn erwarte, auch nicht essen solle, hat sich von seiner humorvollen Zuspitzung zu einer humorlosen Doktrin gewandelt. Wir entziehen tatsächlich jenen die Lebensgrundlage, von denen wir glauben, dass sie ohne gute Gründe faulenzen. Dabei kann nur jener etwas tun, der etwas isst und den wir sein lassen.

46 *Wer nicht arbeiten will, tut das Falsche.* – Wer etwas tun soll, was er nicht will, der verliert die Lust und wird faul. Faulheit ist keine anthropologische Konstante, sondern eine gesunde Reaktion des Sinn-Immunsystems auf unsinnige, unwürdige oder überflüssige Tätigkeiten. Wer tun kann, was er will, der wird nicht faul, sondern tätig.

47 *Nur wer existiert, ist konkurrenzfähig.* – Wer andere nicht anerkennt, kann mit ihnen nicht konkurrieren. Existenzsicherheit verhindert falsche Rücksichtnahme und beflügelt richtige Konkurrenz.

48 *Wer befiehlt, lässt nicht entscheiden.* – Wer tun und lassen soll, wie ihm befohlen wird, der wird unter Wert angesprochen. Befehligen lassen sich Maschinen, Menschen wollen selbst entscheiden. Das tun sie, wenn sie gefragt sind und antworten können. Den Rest übernehmen Maschinen.

49 *Wer zu viel regelt, vertraut zu wenig.* – Wer einfache Lösungen sucht, wird verdächtigt, die Probleme zu vernachlässigen. Dabei ist die einfache Lösung ein Ideal: Regeln sind dann sinnvoll, wenn sie das Ungewollte verhindern und alles andere ermöglichen. Vertrauen ermöglicht die einfache Lösung.

50 *Jeder für jeden* – Einer für alle, alle für einen! Das ist der Wahlspruch der drei Musketiere. Er vereint die Prinzipien freier Individualität und freilassender Gemeinschaft. Wir leben umso besser, je mehr wir für andere und andere für uns tätig sind.

51 *Die Familie ist kein Sozialstaat mehr.* – Die Familie war der Sozialstaat der Selbstversorgung. Längst versorgt die Familie sich nicht mehr selbst. Wenn Familienmitglieder dennoch ökonomisch füreinander einstehen müssen, wird zum Problem, was früher die Lösung gewesen ist: die Zweckgemeinschaft. Ökonomische Sippenhaft ist unzeitgemäß. Die Zukunft der Familie liegt in ihrer Entökonomisierung. Wenn wir nicht mehr aneinander gebunden sind, können wir uns frei begegnen.

52 *Wer nicht frei ist, ist unsicher.* – Freiheit und Sicherheit sind keine Gegenspieler. Sicherheit ermöglicht, dass ich etwas wagen, mich etwas trauen, mich frei entfalten kann. Sicherheit ermöglicht, dass ich mir auch

Unsicherheit zumute. Freiheit ermöglicht, dass ich selbstsicher auftreten und mich den Unsicherheiten des Lebens stellen kann.

53 *Der freie Markt* – Der freie Markt ist nur dann wirklich frei, wenn es eine freie Entscheidung bleibt, daran teilzunehmen. Wo Märkte Menschen unfrei werden lassen, müssen wir nicht Märkte regulieren, sondern Menschen ermöglichen, sich auf Märkten frei zu bewegen. Freie Menschen, freie Märkte.

54 *Wir sind auf das Unnütze angewiesen.* – Wer die Welt mit Nützlichkeitsaugen anschaut, der findet immer etwas Unnützes. Dabei ist es gerade das Unnütze, das Unbestimmte, das uns Mensch werden und sein lässt. Kultur ist das Unnütze, das, was uns erst Nützliches bestimmen lässt. Das Unnütze ist nicht der verlorene Sohn, sondern der Vater alles Nützlichen.

55 *Wer sich selbst bestimmt, befreit andere.* – Selbstbestimmung ist keine ansteckende Krankheit, sondern ansteckende Gesundheit. Mündigkeit ist sich stets selbst ein Beispiel.

56 *Die Not der Hilfe* – Wir sind es gewohnt, auf die Schrecken der Welt mit Hilfeleistungen zu reagieren. Wir sind gerne gut und helfen. Besser allerdings wäre es, handelten wir so, dass wir hinterher weniger helfen müssen. Hilfe, die nicht dem Notfall vorbehalten bleibt, begründet Abhängigkeiten.

57 *Unsere Freiheit* – Meine Freiheit wächst mit deiner.

58 *Wer nicht zwingen kann, muss überzeugen.* – Wer existenziell erpressbar ist, der braucht keine guten Gründe, etwas Schlechtes zu tun. Wer um sein Überleben kämpfen muss, der wandelt sich vom Mensch zum Tier. Wer mit anderen etwas unternehmen will, ohne sie dazu zwingen zu können, der ist abhängig von der eigenen Überzeugungskraft.

59 *Freiheit durch Verbindlichkeit* – Je klarer die Abmachung, desto freier fühle ich mich.

60 *Verbindlichkeit durch Freiheit* – Je größer der Freiraum, desto besser kann ich mich verbinden.

61 *Wer nichts falsch machen will, der macht nichts richtig.* – Natürlich ist es ärgerlich, wenn etwas falschläuft. Aber noch ärgerlicher ist es, wenn nichts richtigläuft. Natürlich heißt das nicht, dass etwas falschlaufen sollte. Es heißt: Je fehlerfreundlicher eine Gesellschaft, desto fehlerfreier.

62 *Das Demokratieverhängnis* – Wer anstelle des schlechten Bürgers gute Entscheidungen treffen will, der trifft eine schlechte Entscheidung. Der Anfang vom Ende des mündigen Bürgers ist der Anfang vom Ende der Demokratie.

63 *Das Parteienproblem* – Parteien sind parteiisch. Probleme sind unparteiisch.

64 *Volkswirtschaftlicher Schaden* – Wie hoch ist der volkswirtschaftliche Schaden, solange wir die Existenz jedes Einzelnen nicht bedingungslos garantieren?

65 *Der Arbeitskampf ist ein Einkommenskampf.* – Wer dafür kämpft, arbeiten zu dürfen, der kämpft dafür, ein Einkommen zu erhalten. Arbeiten darf man immer. Es gibt genug zu tun. Wir müssen nicht die Arbeit, sondern das Einkommen sichern.

66 *Fördern und fordern* – Hartz IV: So hieß das von Sozialdemokraten eingeführte neoliberale Sozialsystem, das die Grundrechte von Millionen Menschen in Deutschland verletzte und schwarzpädagogische Dressur etablierte. Das System baute auf Sanktionen, die das Existenzminimum antasteten. Dieses dunkle Kapitel der Geschichte wurde als Geschäftsmodell betrieben, wobei die Bestraften »Kunden« und die Strafenden »Kundenberater« genannt wurden.

67 *Die Machtumverteilung* – Existenzangst macht ohnmächtig. Existenzsicherheit ermächtigt zur Selbstermächtigung.

68 *Zeitfragen* – Wir stressen uns heute, weil wir entweder keine Zeit haben oder nicht wissen, was wir mit ihr anfangen sollen. Wer nicht über seine Zeit verfügt, der fühlt sich der Zeit ausgeliefert: der Arbeitszeit, weil er tun muss, was andere wollen; der Freizeit, weil er nicht weiß, was er tun soll. Wer sich Zeit nimmt und weiß, was er mit ihr anfangen will, der hat Zeit.

69 *Wir wissen alles, aber nicht, was wir wollen.* – Wer etwas weiß, der ist nicht mehr besonders gut, sondern hat eine gute Internetverbindung. Wissen ist kein Können mehr. Wissen ist verfügbar. Was unverfügbar ist, ist der Wille. Was wir wollen, wollen zwar alle wissen, aber niemand kann es für uns wollen. Der Wille ist das Kapital der Zukunft.

70 *Grundgesetz* – Der Wille des Menschen ist unantastbar.

71 *Worauf wir zählen, damit können wir nicht rechnen.* – Wir leben nicht mehr im alphabetischen, sondern im nummerischen Zeitalter. Alles ist Zahl, Algorithmus, berechenbar geworden. Tatsächlich alles? Natürlich nicht! Alles, was zählbar ist, wird berechenbar. Das, was zählt, ist allerdings unberechenbar. Der Mensch ist unberechenbar. Wenn wir auf andere zählen, dann sollten wir nicht mit ihnen rechnen. Die Würde des Menschen liegt in seiner Unberechenbarkeit.

72 *Wer sich selbst widerspricht, ermöglicht das Gespräch.* – Warum halte ich daran fest, was ich bereits gesagt habe? Weil ich mir bloß nicht widersprechen will. Wie aber entsteht dann Neues, wenn ich mir nicht widerspreche?

73 *Warum willst du nicht, was du willst?* – Es gibt Menschen, die wollen nicht frei sein, weil sie ansonsten selbst bestimmen müssten, was sie tun. Sie fühlen sich überfordert, selbst tätig zu werden. Es ist ihnen lieber, wenn ihnen gesagt wird, was sie tun sollen. Hand aufs Herz: Es gibt nicht viele, die so sind, aber es gibt gar nicht wenige, die meinen, dass viele so sind.

74 *Nur wer frei entscheidet, kann auch schuldig sein.* – Wer etwas tun muss, was er nicht will, der kann nicht gleichermaßen zur Rechenschaft gezogen werden wie jemand, der aus freien Stücken handelt. Freier Wille macht schuldfähig. Ich kann jemanden, der aus Existenznot etwas Unrechtes getan hat, nicht gleichermaßen verurteilen wie jemanden, dessen Existenz bedingungslos gesichert ist.

75 *Freiheit statt Freizeit* – Wir leben in einer Arbeitsgesellschaft, die ihre Erfüllung als Freizeitgesellschaft findet. Das ist dekadent. Wir wollen Freiheit in der Arbeit, nicht Freizeit nach der Arbeit.

76 *Niemand braucht kein Existenzminimum.* – Warum prüfen wir immer wieder, ob jemand das Existenzminimum tatsächlich braucht? Was wir unbedingt brauchen, braucht jeder bedingungslos.

77 *Konstruktiver und destruktiver Druck* – Etwas Druck kann nicht schaden. Was wir noch nicht wissen oder noch nicht können, kann uns zu Höchstleistungen anspornen. Eine Aufgabe, eine Herausforderung kann konstruktiven Druck erzeugen. Existenzdruck wirkt immer destruktiv.

78 *Innere Kündigung* – Wer schon weg, aber noch da ist, gefährdet sich selbst und andere.

79 *Wer nicht gezwungen wird, hat keine Ausreden mehr.* – Ich würde zwar gerne, kann aber leider nicht, weil ich etwas anderes muss. Diese Ausrede gilt nur, wenn ich mich nicht frei entscheiden kann.

80 *Der Preis der Freiheit* – Wir werden nicht unfreiwillig frei. Freiheit kostet: Freiwilligkeit.

81 ***Faulheitsforschung*** – Wie entsteht eigentlich Faulheit? Mit Faulheit infizieren wir uns, wenn wir uns mit dem, was wir tun, nicht identifizieren. Zunächst äußert sich dieser Umstand als Demotivation. Dann als Trotzhaltung. Schließlich bricht sie aus, die Faulheit. Wenn niemand mehr tun muss, was er nicht will, verliert Faulheit ihren Grund.

82 ***Nimm zwei*** – Kapitalismus und Kommunismus haben eines gemeinsam: dass sie beide einseitig sind. Letzterer unterschätzt das Individuum, Ersterer die Gemeinschaft.

83 ***Geld verdirbt nicht den Charakter, es macht ihn nur sichtbar.*** – Geld berechtigt. Geld schafft Zugang. Geld ist der Briefträger, nicht der Briefinhalt. Geld ist der Schlüssel, nicht das Schloss. Mit Geld kann man etwas an sich binden oder befreien. Geld ist das Mittel, nicht der Zweck.

84 ***Gönnen können*** – »Die anderen sollen es auch nicht besser haben.« – Stille. – »Niemand soll einfach so können.« – Stille. – »Lieber kann ich auch nicht.«

85 *Arbeitszwanggesellschaft* – Was ist denn das für eine Gesellschaft, in der wir Menschen wie Faultiere behandeln und sie dazu zwingen, Arbeiten zu verrichten, die wir selbst niemals tun würden?

86 *Wer nicht muss, der kann.* – Es gibt einen wachsenden Bedarf, nicht mehr zu müssen. Das Zwanglose liegt im Trend. Großzügigkeit ist ein Geschäftsmodell. Wer anderen ermöglicht, etwas nicht mehr zu müssen, der ist erfolgreich.

87 *Unbedingt* – Kontrolle ist gut, Vertrauen ist besser. Bedingungen müssen wir kontrollieren, Bedingungslosigkeit gewähren.

88 *Gegenfrage* – »Würden Sie Ihre Arbeit aufgeben, wenn für Ihr Einkommen gesorgt wäre?« – »Nein.« – »Und warum sollten andere das tun?«

89 *Quantität verliert an Qualität.* – Bis heute geht es um schneller, höher, weiter. Möglichst alles, möglichst immer. In Zukunft geht es um besser, schöner, echter.

90 *Größenwahn* – Ein Lehrer ist nicht besser, wenn er mehr Schüler unterrichtet. Ein Musiker ist nicht besser, wenn er schneller spielt. Ein Journalist ist nicht besser, wenn er mehr schreibt.

91 *Falscher Stolz* – Ich beobachte: Wenn ich etwas getan habe, das mir überhaupt keinen Spaß gemacht hat und das ich eigentlich gar nicht tun wollte, dann entsteht ein gewisser Stolz darauf. Danach meine ich, die anderen sollten doch auch Arbeiten verrichten, die ihnen unangenehm sind.

92 *Das Ende der Arbeit* – Arbeite ich selbstbestimmt, vergeht die Zeit wie im Fluge. Oder anders gesagt: Wenn ich etwas tue, was ich tun will, dann höre ich auf, die Zeit zu messen. Daher versteht sich von selbst, dass Stellenprozente und Wochenstunden nur jener kennt, der auf das Ende der Arbeit wartet.

93 *Teufelskreis* – Die Kommunen müssen sparen, weil immer mehr Menschen Sozialhilfe beziehen. Deshalb kann der Park nur noch jeden zweiten Tag gepflegt werden.

Einer der Gärtner wurde daraufhin entlassen. Er lebt jetzt von Sozialhilfe.

94 *Unberechenbar* – Alles, was berechenbar ist, wird automatisiert werden. Wie berechenbar sind Sie?

95 *Das Experiment* – Wer tut, was er will, und andere nicht daran hindert, zu tun, was sie wollen, der führt das bedingungslose Grundeinkommen ein.

Am 29. Mai 2016 wurde die Weltrekord-Frage in Berlin vor dem Brandenburger Tor auf der Straße des 17. Juni präsentiert.

Warum es noch kein Grundeinkommen gibt

Am 5. Juni 2016 fand in der Schweiz die erste Volksabstimmung über die Einführung eines bedingungslosen Grundeinkommens statt. 23 Prozent der Schweizerinnen und Schweizer stimmten auf Anhieb dafür. In den Kantonen Basel-Stadt und Jura stimmten über 35 Prozent zu, in einzelnen Städten, etwa in Bern, über 40 Prozent, und in manchen Stadtkreisen, etwa in Genf oder Zürich, gab es sogar eine Mehrheit. »Wo wir einen sehr hohen Anteil von individualisierten Lebensentwürfen haben, dort haben wir eine deutlich höhere Zustimmung«, analysierte der Politologe Claude Longchamp im Schweizer Fernsehen. Der »hohe Individualisierungsgrad« sei für die Zustimmung zum Grundeinkommen wesentlich.

Trotz klarer Ablehnung rechnet laut einer repräsentativen Umfrage eine deutliche Mehrheit von 69 Prozent damit, dass es eine zweite Grundeinkommensabstimmung geben werde. Ebenfalls äußert eine Mehrheit, dass das Thema mit der Abstimmung nicht vom, sondern auf dem Tisch sei. Selbst eine Mehrheit derjenigen, die das Grundeinkommen nicht befürworten, nimmt an, dass darüber weiter diskutiert und wieder abgestimmt werde. Klare Ablehnung und große Aufmerksamkeit gingen bei der Schweizer Volksabstimmung Hand in Hand.

Woher kommt die Ablehnung? Warum gibt es noch kein bedingungsloses Grundeinkommen? Zwei Argumente sind dafür ausschlaggebend: Wir meinen, das Grundeinkommen ließe sich nicht finanzieren und die Arbeitsanreize fielen weg.

Dass sich das Grundeinkommen nicht finanzieren ließe, beruht auf einem Missverständnis: Das Grundeinkommen führt nicht dazu, dass wir mehr Geld auf dem Konto haben, sondern dazu, dass sich das Geld auf dem Konto anders zusammensetzt. Das Grundeinkommen ist finanziell gesehen ein Nullsummenspiel. Das Argument der Nicht-Finanzierbarkeit verweist allerdings auf das zweite Argument: die wegfallenden Arbeitsanreize.

Warum glauben wir, dass die anderen nichts mehr tun würden, wenn sie nichts mehr tun müssen? Warum nehmen wir an, dass die anderen nur dann arbeiten würden, wenn sie dazu gezwungen werden? Warum gehen wir davon aus, dass die anderen faul sind? Weil wir den anderen noch nicht jene Selbstbestimmung zusprechen wollen, die wir für uns selbstverständlich in Anspruch nehmen. Weil wir noch nicht darauf verzichten wollen, darüber zu bestimmen, was die anderen tun sollen. Weil wir die Existenz der anderen noch nicht anerkennen wollen, ohne dass sie sich erst als nützlich erweisen oder als unnütz ausweisen müssen. Wir schließen lieber faule Kompromisse, als die Existenzsicherung der anderen bedingungslos zu garantieren.

Wer einmal mit faulen Kompromissen beginnt, der hört damit nicht mehr auf. Es fängt schon in der Schule an: Da lernen wir, für die Lehrer zu lernen. Oder für die Eltern. Oder für gute Noten, damit später mal alles besser wird. Aber es wird nicht besser, denn im Studium geht es nahtlos weiter: Was ich wirklich will, muss warten. Es wird sicher bald kommen, heißt es, nachdem ich mich jetzt noch einmal auf die fragwürdigen Bedingungen eingelassen habe. Und dann kommt es doch nicht, sondern der Beruf: Da kann ich mir auch nicht wirklich leisten, zu tun, was ich will. Ich muss jetzt Verantwortung übernehmen und für meine Familie sorgen. Grundsatzfragen sind nicht angesagt. Und überhaupt: Wenn wir uns mit Freunden treffen, dann ist es doch auch ganz lustig, sich zu erzählen, was man so alles für die gute Sache tut. Dafür, dass es den Kindern mal besser geht und wir als Rentner endlich mehr Zeit für die wirklich wichtigen Dinge des Lebens haben. Und dann sind die Kinder groß und wir werden alt – und wissen entweder gar nicht mehr, was die wirklich wichtigen Dinge des Lebens sind, oder wir fallen nach einem entfremdeten Arbeitsleben einfach tot um. Die faulen Kompromisse finden oftmals erst auf dem Friedhof ein Ende.

Warum sind wir so anfällig für faule Kompromisse, obwohl jeder weiß, dass sie faul sind? Weil wir uns gegenseitig noch nicht zutrauen, ohne faule Kompromisse voranzukommen. Als Hillary Clinton während des letzten US-Präsidentschaftswahlkampfes gefragt wurde, was sie vom bedingungslosen Grundeinkommen halte, sagte sie, sie sei »noch nicht bereit dazu«. Sie bleibe der Idee gegenüber zwar »aufgeschlossen«, aber zunächst müssten Politiker »das Vertrauen der Menschen wiederherstellen« und sie nicht »aufgeben«.

Clintons Einschätzung offenbart eine Haltung, die weitverbreitet ist – nicht nur im politischen Establishment. Es scheint vielen verantwortungslos, sich nicht mehr um andere zu kümmern. Dabei wäre genau dies das Ende einer perfiden Form der Bevormundung: Verantwortung übernimmt nicht, wer anderen sagt, was sie zu tun haben. Verantwortung übernimmt nicht, wer sie anderen wegnimmt. Niemand kann für andere Verantwortung übernehmen. Das kann nur jeder für sich selbst.

Wer sich um andere kümmern und nicht auf sie einlassen will, der verliert »das Vertrauen der Menschen« – und US-Präsidentschaftswahlen. Wer »aufgibt«, es für andere besser zu wissen, der steht ihnen nicht mehr vor. Er ermächtigt zur Selbstermächtigung und beendet die Bevormundung. Diese »Aufgabe« ist vonnöten, damit sich die Zweiklassengesellschaft zwischen »denen da oben«, die helfen wollen, und »denen da unten«, denen geholfen werden soll, auflösen kann. Je mehr wir angesichts der anderen unseren Fremdbestimmungswillen aufgeben, desto besser kann sich der Selbstbestimmungswille der anderen entfalten.

Wer die anderen »aufgibt«, der handelt sich den Vorwurf ein, asozial zu sein. Dabei ist genau dies das höchste soziale Ziel: die Persönlichkeit des anderen nicht ändern, sondern verstehen zu wollen.

Wer ein Ziel fast erreicht hat, der verliert es oft ausgerechnet auf der Zielgeraden aus den Augen. Dieses Phänomen deckte die Philosophin Hannah Arendt in ihrem Hauptwerk *Vita activa* auf: Die Arbeitsgesellschaft, so Arendt, kämpfe um ihr Überleben, das längst ohne sie gesichert sei. Wir haben im Laufe der Jahre vergessen, dass wir nicht um der Arbeit, sondern um der Freiheit willen arbeiten, und ausgerechnet jetzt, da wir nicht mehr von früh bis spät schuften müssten, zwingen wir uns dazu. Wir finden kein besseres Menschenbild als das eines Arbeitstieres. Was könnte verhängnisvoller sein?

Wir leben dieser Tage im Überfluss. Die wirtschaftliche Potenz übersteigt längst unseren Bedarf. Die Regale sind voll. Ganze Brachen sind heute damit beschäftigt, den Bedarf anzukurbeln oder künstlich zu erzeugen. Nirgends fehlt es an Produktionskapazitäten, aber vielerorts an den Mitteln, konsumieren zu können. Nicht die Herstellung von Gütern und Dienstleistungen ist das große Problem der Gegenwart, sondern der Zugang dazu. Obwohl alles da ist, fehlt uns der Mut, die Existenz der anderen zu sichern, ohne dass sie sich dafür erst biegen und brechen müssen. Wir behindern uns gegenseitig, anstatt uns gegenseitig zu befreien. Das ist verhängnisvoll!

Während wir aus moralischen Gründen noch auf ein Grundeinkommen verzichten, mehren sich die pragmatischen Anzeichen für seine Einführung. Viele Silicon-Valley-Unternehmen fragen sich bereits jetzt, wie sie ihre Produkte verkaufen können, wenn ihre Kunden nicht mehr arbeiten müssen. Viele IT-Unternehmer sind dem Grundeinkommen gegenüber aufgeschlossen oder engagieren sich sogar dafür. Twitter-Investor Albert Wenger sagt: »Der Mensch wird nicht überflüssig. Er wird arbeitslos. Mein Vorschlag wäre: das Grundeinkommen als Fundament für den Lebensunterhalt und die Freiheit, das zu tun, was einem beliebt.«

Das Gründerzentrum Y Combinator, das Airbnb und Dropbox finanzierte, unternimmt derzeit ein Pilotprojekt zum Grundeinkommen und untersucht, »wie die Menschen diese Freiheit erleben«. Und der umtriebige SpaceX-Gründer und Tesla-Chef Elon Musk sagt angesichts des Grundeinkommens: »Die Chancen stehen aufgrund der Automatisierung gut. Der Staat wird jedem Menschen ein Grundeinkommen zahlen müssen.« Außerdem meint Musk: »Arbeitslose sollten nicht wütend auf die Maschinen sein. Sie werden Zeit haben, interessantere Dinge zu tun.«

Das bedingungslose Grundeinkommen wird eingeführt werden, wenn wir es wollen oder wenn es nicht mehr anders geht. Wenn es uns gelingt, einen gesellschaftlichen Diskurs zu führen, der darin mündet, dass wir die Existenz jedes Einzelnen bedingungslos gewähren, dann kommt das Grundeinkommen als freie Entscheidung und nicht als Notlösung, als echte Alternative und nicht alternativlos, mutig und nicht ängstlich. Wie das bedingungslose Grundeinkommen kommt, ist entscheidend dafür, was es bewirkt.

Wer weiterhin auf das Hamsterrad setzt, indem wir uns abrackern sollen, der setzt auf das falsche Pferd. Wir brauchen nicht Zuckerbrot und Peitsche, sondern Fantasie. Wir wollen nicht dressiert, sondern beflügelt werden. Das bedingungslose Grundeinkommen verleiht Flügel.

Epilog: Alltagserfahrungen

»Demnächst werde ich mich arbeitslos melden. Dabei bin ich gar nicht arbeitslos. Ich habe einen zweijährigen Sohn. Oft ist auch die fünfjährige Tochter meines Mannes da. Mein Mann ist 27 und wird nächstes Jahr sein Studium beenden. Mir widerstrebt es total, meinen Sohn in eine Betreuung zu geben, damit ich mit einer Erwerbsarbeit Geld verdienen kann. Ich will bei meinem Sohn sein. Mit der Zeit wird sich schon herausstellen, was der nächste Schritt in meinem Leben sein wird – auch in Bezug auf ein Studium oder eine Erwerbsarbeit. Die Anmeldung beim Arbeitsamt stresst mich. Ich habe Angst vor den vielen Bewerbungen, die ich abschicken muss, obwohl ich gar keine Stelle suche. Ein bedingungsloses Grundeinkommen würde mir Kraft geben, meinen Weg zu gehen.«
Johanna, 21, Mutter

*

»Ende der 70er-Jahre haben mein Mann und ich damit begonnen, auf den Märkten des Ruhrgebiets Kleidung, Schmuck und all das zu verkaufen, was gerade modern ist. Das Geschäft lief gut, wir konnten uns ein kleines Häuschen leisten. Seither haben wir als Selbstständige in die private Altersvorsorge eingezahlt. Wenn wir in Rente gehen, werden wir zu zweit 800 Euro monatlich erhalten. Ich gehe immer noch regelmäßig auf Märkte und verkaufe Halstücher und Schals in allen Variationen. Für gute Märkte fahre ich quer durch Deutschland. Nach so einem Wochenende bin ich die ganze Woche müde, weil es so anstrengend ist. Ich mache das Verkaufen gerne, aber es ist schon Druck spürbar, im Alter nicht ganz arm zu sein. Wenn ich mir vorstelle, es gäbe ein Grundeinkommen, dann hätte ich das Gefühl, in Würde zu altern.«

Magdalena, 64, Verkäuferin

*

»Auch wenn mir heute bewusst ist, dass es der größte Scheiß ist: Ich habe eine ordentliche Drogenkarriere hinter mir. Seit mehreren Jahren ist mein Körper kaputt, mehrere Herzinfarkte, Wiederbelebung – es kommt eins zum anderen. Früher war ich Landschaftsgärtner. Ich habe tonnenweise schwere Steine verlegt und hatte ein gutes Einkommen. Dann kam der erste Herzinfarkt. Seither ist alles anders.

Erst bekam ich Invalidenrente, dann auf einmal den Bescheid, dass ich nicht mehr als Invalide gelte. Trotz aller Bescheinigungen der Ärzte, die mich schon lange begleiten, wurde mir die Invalidenrente gestrichen und ich musste zum Sozialamt. Vom Sozialamt bekomme ich so wenig Geld, dass meine Frau und ich davon nicht leben können. Das ist Stress, purer Stress, der sich wieder auf mein Herz niederschlägt. Ich bin absolut fürs Grundeinkommen, denn ich weiß, dass es jeden jederzeit treffen kann: Zack – und das Leben ist anders! Egal, wie toll oder reich oder anständig du vorher warst!«
Stefan, 39, Invalide

*

»Ich bin gegen ein bedingungsloses Grundeinkommen. Ich habe 50 Jahre lang Vollzeit gearbeitet, habe meine Familie ernährt und finde, die jungen Leute sollten ebenfalls Geld verdienen müssen. Es hat noch niemandem geschadet, auch mal etwas zu tun, was einem nicht so beliebt. Das stärkt den Willen und macht aus den jungen Leuten verantwortungsvolle Bürger. Ich jedenfalls bin stolz darauf, was ich geschafft habe, und ich kann zufrieden auf mein Leben zurückblicken. Wie soll es weitergehen,

wenn wir alle am Tropf des Staates hängen und vor dem Fernseher landen?«
Hans-Peter, 72, Rentner

*

»Unser Hof liegt sehr schön. Seit 30 Jahren halten wir Ziegen. Aus der Milch machen wir Käse und verkaufen ihn auf dem Markt. Seit unser Sohn und seine Frau auf den Hof gezogen sind, haben wir außerdem Kühe und neuerdings auch eine kleine Bäckerei und einen Hofladen. Der Hof hat das ganze Dorf belebt und Familien angezogen: Kinder spielen auf den Straßen, die Erwachsenen sind befreundet, singen zusammen, tanzen Tango – es ist immer was los! Mit Subventionen und dem Erlös aus dem Verkauf können wir uns gerade mal 1.000 Euro pro Familie auszahlen. Unser Sohn erhält Wohngeld und Kindergeld, weil sein Einkommen so gering ist, und mein Mann und ich bekommen oft nichts. Wir leben von einem kleinen Erbe. Dabei arbeiten wir 70 Stunden in der Woche! Es ist gar nicht auszudenken, wie wichtig ein Grundeinkommen für die Landwirtschaft wäre. Wir sind nicht in der Lage, neue Leute einzustellen, obwohl es viele Menschen gibt, die gerne in der Landwirtschaft arbeiten würden. Mit mehr

Arbeitskräften könnten wir unendlich viel Gutes für die Erde bewirken.«
Marie, 56, Landwirtin

*

»Seit ich mein Studium beendet habe, bin ich Dozent an einer Pädagogischen Hochschule. Ich arbeite sehr gerne mit den Studenten! In meinem Fachbereich lehren fünf Kollegen. Vier davon sind bereits über 60 Jahre alt. Wir bräuchten dringend einige junge Kollegen, doch es gibt keine Stellen. Gäbe es ein Grundeinkommen, wären wir viel freier, das Kollegium zu besetzen: Zum einen würden nur die Dozenten bleiben, die tatsächlich gerne unterrichten, zum anderen könnten wir junge Absolventen als Dozenten engagieren. Wir könnten besser und flexibler arbeiten, wenn wir ein bedingungsloses Grundeinkommen hätten.«
Paul, 51, Dozent

*

»Meine Geschichte ist schnell erzählt: Meine Frau und ich haben zwei Töchter und wohnen auf dem Land. Von außen betrachtet, habe ich alles richtig gemacht: Vor einigen Jahren bin ich, nachdem ich bei zwei gut situierten Firmen in der Verwaltung gearbeitet habe, zur

Stadtverwaltung gewechselt. Ich pendle jeden Tag, habe genau das Einkommen, das wir benötigen, und ich habe mich gut eingearbeitet. Ich bin manchmal über mich selbst erschrocken, dass ich mich fünf Tage die Woche und neun Stunden am Tag mit Anträgen, Plänen und Sitzungen beschäftigen kann, die mich eigentlich gar nicht interessieren. Ich bin aber nicht resigniert, sondern habe mich freudig arrangiert. Aber ist es nicht trotzdem seltsam? Ich denke viel über ein Leben mit Grundeinkommen nach und finde das eine wichtige Debatte. Ich glaube, wenn ich ein Grundeinkommen hätte, müsste ich mich ganz neu erfinden.«

Martin, 42, Beamter

Danksagung

Wir danken allen, die dieses Buch inspiriert haben. Besonderer Dank gilt Klaus Altepost. Von ihm stammen die Idee und die Anfrage, dieses Buch zu schreiben.

Zu den Autoren

Daniel Häni, geboren 1966, ist Unternehmer, Mitbegründer des Basler Kultur- und Kaffeehauses »unternehmen mitte« sowie Mitinitiator der Schweizer Volksinitiative »Für ein bedingungsloses Grundeinkommen«. Sie kam 2016 zur Abstimmung und löste ein weltweites Medienecho aus.

Philip Kovce, geboren 1986, ist Philosoph, Publizist und Mitbegründer der Berliner »Bürgerinitiative bedingungsloses Grundeinkommen«. Er forscht am Basler »Philosophicum« und gehört dem »Think Tank 30« des Club of Rome an. Seine Texte erschienen in der *Zeit*, der *Frankfurter Allgemeinen Zeitung* und der *Süddeutschen Zeitung*.